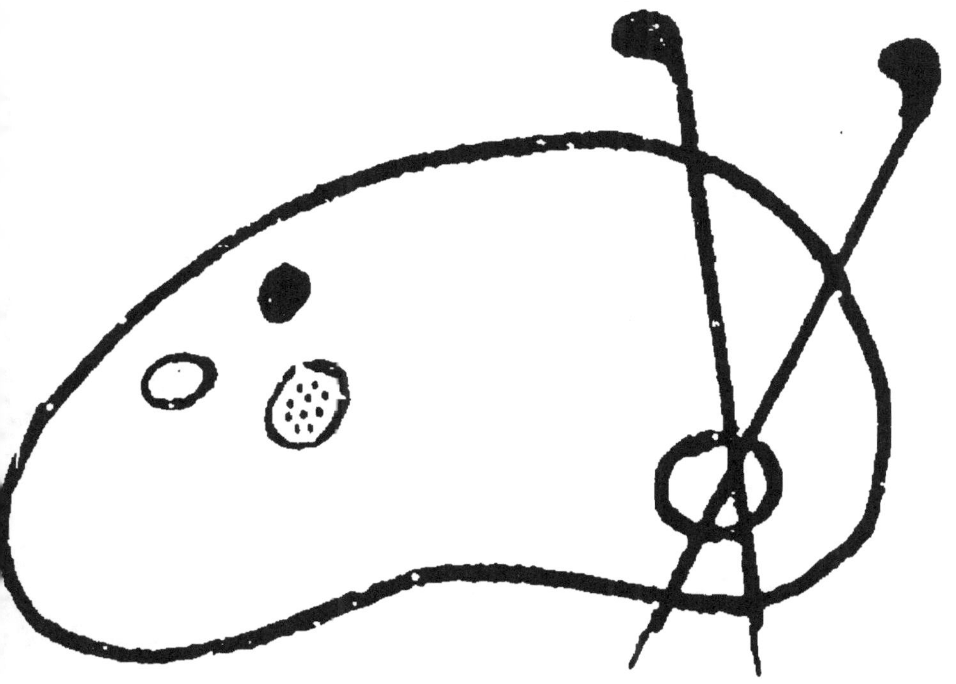

Couvertures supérieure et inférieure
en couleur

PROJET

D'UNE CONSTITUTION,

Soumis à l'Assemblée nationale de 1789.

Par M. SOBRY, Avocat.

A MESSIEURS

FLACHAT, DÉPUTÉ DE LYON,

ET DE SURADE,

DÉPUTÉ DU POITOU,

A L'ASSEMBLÉE NATIONALE.

Messieurs et chers oncles,

Tout ce qui en France s'est occupé du droit national s'empresse à venir mettre en commun ses découvertes, ses vues &

A 2

fes réflexions. Chacun veut contribuer à
la réparation de l'Etat, chacun veut avoir
part à l'honneur de fournir quelques
matériaux à l'édifice de la profpérité
publique.

Animé par ce zèle, fans doute furabon-
dant, mais auquel il eft difficile de réfifter,
je viens vous foumettre, Meffieurs, un
projet de conftitution que je vous fupplie
de vouloir bien préfenter à Meffeigneurs
de l'affemblée nationale.

Il eft impoffible, Meffieurs, de ne pas
admirer le concours de circonftances qui
fait de cette Affemblée Nationale la plus
puiffante compagnie qui ait jamais exifté,
& par conféquent la plus capable de faire
le bien de la patrie. Nos anciennes affem-
blées toujours divifées d'intérêt, foit avec

le peuple, foit avec l'adminiſtration, foit avec les courtiſans, foit avec le Roi, ne pouvoient & ne vouloient fouvent rien ſtatuer de déciſif. Ici, Meſſieurs, je vois le peuple uni avec vous par un ſentiment qui tient de la paſſion, & qui eſt dû à votre équitable compoſition, à votre zéle & à vos lumières. Je vois la bourgeoiſie Françoiſe toute entière fous les armes, former dans ce moment, pour vous foutenir, la plus grande force qui exiſte au monde. Je vois l'ancienne adminiſtration, cette inſultante adminiſtration, vouée à l'exécration publique, & un nouveau miniſtère tiré du fein de votre Affemblée, ſubordonner toutes ſes vues à l'eſprit national. Je vois les courtiſans fubjugués, je les vois dans l'obligation déformais d'être patriotes &

A 3

de faire des vœux pour vous. Je vois un Roi prêt à sanctionner tout ce que vous êtes prêts à décréter, parce qu'il sait que vous n'avez, ainsi que lui, d'autre but que la gloire & le bonheur des François.

Que de moyens, Messieurs, pour régénérer la patrie, étant disposés comme vous l'êtes, à faire toujours marcher la sagesse avec la puissance !

Oui, Messieurs, un souffle divin anime les assemblées bien disposées. Poussés par l'amour de la patrie, les talens s'élèvent à la hauteur du génie : les gens de bien deviennent des sages, & les braves des héros.

Le projet que je vous prie, Messieurs, de soumettre à l'Assemblée Nationale contient les articles que prefque tout le monde a votés ; il n'y en a que quelques-uns qui me foient un peu propres, tels que ceux du facre, des époques, des fêtes nationales, de la défuétude & de la formalité : mais ce qui m'eft, je crois, tout-à-fait particulier, eft l'idée de faire tenir la conftitution qu'on propofe , à l'ancienne conftitution ; de forte qu'avec le préfent on lie entr'eux le paffé & l'avenir, & qu'on honore tous les temps de notre exiftence.

Je crois, Meffieurs, cette méthode très-politique en fait de légiflation, comme en fait de religion. Ce qui prend fa bafe dans des temps reculés, paroît bien plus facré & bien plus vénérable aux yeux des peuples. D'ailleurs il en faut convenir, nous avons depuis long-temps un ordre de chofes grandement établi : on a, je le fais trop, abufé de tout ; on s'eft écarté de tout, on a voulu tout braver ; mais nous ne ferions pas recevables à dire que nous n'avions ni conftitution, ni liberté. Perfonne ne croira que nous avons exifté quatorze fiecles fans aucun point de ralliement. Cette longue exiftance, fans conftitution, feroit même révoquer en doute la néceffité de telle qu'on pourroit propofer. On ne croira pas davantage que nous n'avons point eu jufqu'à préfent de liberté, & que les Duguefclin, les l'Hôpital, les Turenne, les Boffuet, les Corneille & tant d'autres, ont été des efclaves. Enfin, ne croiriez-vous pas qu'il eſt bon de conſentir à partager notre gloire avec nos ancêtres, avec nos conci-toyens, pour l'avoir plus ſolide & plus durable? Solon ne s'eſt donné que pour le réformateur des loix de Dracon. Épurer une conſtitution, réformer de grands abus, les empêcher de renaître, eſt un aſſez grand ouvrage; & conſolider, dans l'état où nous étions, eſt une véritable création. Quelle que ſoit la conſtitution que vous arrêterez, il eſt impoſſible qu'elle vous attire plus de gloire que votre ouvrage de la nuit du 4, & cet ouvrage n'a cependant été qu'une réformation.

Je n'ai point fait précéder mon projet de conſtitution d'une déclaration des droits de l'homme, parce que je penſe qu'elle doit réſulter de la conſtitution, & être fondue dans fon énoncé. Je penfe que vouloir faire la déclaration d'un côté, & la conftitution de l'autre, c'eft déchar-ner les matières plutôt que les éclair-cir ; c'eft leur ôter tout leur intérêt. L'exemple des Anglo-Américains n'eft, à cet égard, d'aucun poids pour nous. Il faut être déterminé à ne rien voir, pour ne pas fentir que la conftitution de ce peuple eft la plus foible & la plus froide qui ait jamais exifté. Il n'y a pas d'inftitution monaftique que je ne miffe au deffus. Quoiqu'on en dife, il me femble que les Anglois & les Américains ont appris de nous tout ce qu'ils favent, & qu'ils ne font point encore dans le cas de nous en remontrer.

A l'égard de l'énonciation, j'ai cru devoir adopter la même tournure pour tous les articles, contenant une affirmation essentiellement prononcée par ces trois mots, *il est arrêté*. Ma phrase, au reste, est la phrase prolongée & contractuelle, parce qu'une constitution est un contrat. Le premier membre contient la position principale; la reprise par les participes ou par les conjonctions, me sert ensuite à la développer, à l'expliquer, à en faire sentir l'esprit ; car l'explication, quand elle peut être faite en peu de mots, est l'âme d'une loi, & lui donne le sentiment & la vie.

Les loix des douze Tables que les Romains firent arrêter par leurs Decemvirs, finissoient toutes par ces mots impératifs : *ità lex eſto*. Notre langue d'accord avec notre caractère, ne pourroit pas ſupporter ce commandement. Il n'auroit en françois aucune grace, & ne prendroit aucune autorité. La langue françoiſe eſt celle de l'égalité, & de la politeſſe ; elle ne commande que par la raiſon ; elle acquiert aſſez de puiſſance en enonçant la raiſon plus clairement qu'aucun autre idiôue : cet avantage lui ſuffit : elle ne permet point d'outrer les mots.

J'ai cru devoir adopter la dénomination antique de nos grands tribunaux ſupérieurs, ſi connus & ſi célèbres dans l'univers, ſous le nom de parlemens. Ce nom, meſſieurs, eſt national & abſolument propre aux François : l'Angleterre

l'a pris chez nous. Je penſe que lorſ-
qu'on a acquis aſſez d'importance pour
conſacrer un nom & y donner de la
ſolemnité, on fait une grande faute de
ne pas le ſoutenir. Les Grecs ont eu leur
aréopage : les Juifs leur Sanhedrin,
les Romains leurs prétoires ; les François ont leurs parlemens : le mot doit
être conſervé. D'ailleurs, le mot de con-
ſeil va mal avec la judicature ; & le nom
de ſénat, tout auſſi étranger à cette ſorte
de fonction, n'eſt plus qu'un mot hiſto-
rique qui me paroît trop ſentir le col-
lége, & tenir trop à l'imitation. Je ne
parle pas des grands bailliages, parce
que c'eſt dans tous les tems une grande
maladreſſe de donner de grands noms à
des choſes qui préciſément ne ſont pas

grandes. Je crois d'ailleurs qu'on en est revenu.

Je n'ai pas besoin de vous dire., messieurs, pourquoi j'admets les assemblées provinciales contre lesquelles j'ai parlé, lorsqu'on les a proposées, il y a quelques années. Les circonstances ont tellement changé à cet égard, que ce qu'il étoit contre l'ordre de faire, il seroit aujourd'hui contre l'ordre de ne le faire pas. J'avois raison alors, & j'ai raison aujourd'hui, parce que la tranquillité de ma patrie, l'entretien de la paix, & le respect pour l'opinion prouvée de mes concitoyens, feront [dans tous les temps les principes qui dirigeront ma plume.

Au reste, messieurs, j'expose mes sentimens peut-être trop hardiment ; mais c’eſt l’effet de la conviction dans l’inſtant où je les exprime, & non celui de l’entetêment. Si l’aſſemblée me condamne, je me range avec ſoumiſſion à ſon jugement; mais ſi, tout en me faiſant rejetter, j’ai pu inſpirer une ſeule idée utile aux arbitres de la patrie, j’ai fait mon devoir, & je ſuis ſatisfait d’être condamné.

Il me ſuffit donc de pouvoir offrir cette preuve de mon zèle à la plus illuſtre des aſſembées. J’attends de vous, meſſieurs, qui avez l’honneur d’en être membres, cet avantage précieux. Que ne vous devrois-je pas, ſi je pouvois, ainſi que l’attention, obtenir l’eſtime d’un M. Mounier que l’antiquité eût compté parmi ſes ſages; d’un M. Bailly qui nous ramène à la route de l’ordre en marchant fur les précipices les plus dangereux ; d'un M de la Fayette en qui tout citoyen voit un ami, tout homme un protec- teur, tout foldat un héros ! S'il eft flat- teur pour vous, meſſieurs, d'avoir de pareils hommes pour confrères & pour coopérateurs, il fera honorable pour moi d'en avoir au moins pu exciter l'intérêt & mériter l'approbation.

Je fuis avec refpect,

Meſſieurs & très-chers oncles,

Votre très-humble & très- obéiſſant ferviteur, SOBRY.

Le 10 août 1789.

PROJET.

PROJET

D'UNE CONSTITUTION,

Soumis à l'Assemblée Nationale de 1789.

PAR M. SOBRY, AVOCAT.

Nous, les gens députés par le peuple François, assemblés à Versailles sous les ordres de Louis seizième du nom, notre très-honoré seigneur & Roi, réunis par la qualité de citoyens, & constitués pour rechercher les abus qui ont causé les maux de la Nation & y apporter des remèdes.

Après avoir imploré les secours du Dieu tout-puissant, protecteur de cet empire, avoir rendu hommage au roi

B

notre feigneur, & avoir convenablement confulté tous les ordres de l'état, avons reconnu :

Qu'il exifte en France, une conftitu- tion qui eft l'effet des progrès de la raifon & de quatorze fiècles d'expérience, qui n'eft point l'ouvrage d'un feul légiflateur ; mais l'ouvrage de tous les François, qui n'eft point conçue dans la fageffe d'un feul, mais qui eft arrêtée dans la fageffe de la nation entière, & appuyée fur l'autorité de tous.

Nous avons reconnu que cette conftitution a toujours fait le fond de notre gouvernement, quoiqu'il nous foit arrivé de nous en écarter pendant de très-longs efpaces de temps ; & que, malgré les défordres qui nous ont fouvent éloignés des principes du droit des gens & du droit national, nous avons toujours eu une tendance conftante vers la conftitution qui nous régit.

Mais comme cette conftitution n'eft

point écrite, & qu'elle eſt parconſéquent ſujette à être niée par ceux qui ſont in- téreſſés à introduire des abus dans le gou- vernement, nous avons cru que notre devoir étoit de l'écrire, afin que nul n'en puiſſe ignorer déſormais, & qu'elle puiſſe ſervir de règle à tous les citoyens, pour connoître leurs devoirs & leurs droits.

En conſéquence, nous en avons arrêté les articles ainſi qu'il ſuit :

ARTICLE PREMIER.

Il eſt arrêté que la Nation doit être gouvernée monarchiquement, & avoir un roi pour la préſider, la commander & la repréſenter ; le peuple François ſe faiſant dans tous les temps, un honneur d'être un dans ſon roi, & voulant que dans tous les temps, ſon roi ſoit un avec lui.

ART. II.

Il eſt arrêté que la couronne de France eſt entière & indiviſible, & que le commandement fur toutes les terres , fur tous les habitans de la France , fes fujets & fes colonies , appartiennent au monarque feul , fans pouvoir jamais être partagé entre plufieurs princes.

Art. III.

Il eft arrêté que la couronne de France eft héréditaire de père en fils , & de mâle en mâle , l'ordre de primogéniture gardé & obfervé , fans que jamais la defcendance par les femmes puiffe y donner droit, le Sceptre des François ne pouvant tomber en quenouille.

Art. IV.

Il eft arrêté que faute de prince du fang-royal , la nation affemblée a le droit de fe choifir un roi, & qu'elle peut élever qui il lui plaît au trône , pourvu que ce foit un françois de naiffance & d'origine.

Art. V.

Nous arrêtons que le facre du roi,

fera fait déformais en préfence des maires des trente-deux municipalités principales du royaume, que le roi prêtera ferment à la nation, qu'il jurera d'obferver la conftitution & de n'employer l'armée que pour le maintien de l'ordre dans l'inté-rieur de l'état, & pour fa défenfe au dehors.

En conféquence, nous aboliffons le ferment eccléfiaftique en langue latine, relatif à l'églife ; lequel étoit prononcé dans le facre, & arrêtons que lorfque le roi fe profternera devant l'autel pendant cette folemnité, aucun prélat ni officier quelconque, ne fe tiendra affis devant lui, mais fe tiendra debout & à côté.

Nous confervons au furplus, toutes les cérémonies antiques & myftérieufes du facre de nos rois, pour qui foit à jamais implorée la faveur du ciel, vifi-blement déclarée pour eux jufqu'à ce jour.

Art. VI.

Il est arrêté que les princes du sang seront dotés & pensionnés par l'état, d'une manière convenable à leur naissance, à la magnificence de la nation, & à l'auguste substitution à laquelle ils sont appellés.

Art. VII.

Il est arrêté que le pouvoir de faire des loix, appartient à la nation présidée par son roi; de sorte que la loi se fasse par la constitution du roi & le consentement du peuple, ou par la constitution du peuple & la sanction du roi.

Art. VIII.

Il est arrêté que le pouvoir de faire exécuter les loix, appartient au roi; que toutes les commissions & magistratures doivent émaner de Sa Majesté; & que toutes celles qui seront électives,

feront confirmées par le roi à la requi-
fition du peuple.

Art. IX.

Il eft arrêté que tout miniftre, ma-
giftrat ou commiffaire du roi, qui aura
enfreint les loix ou commis des vexations,
fera refponfable de fa conduite, & juf-
ticiable des tribunaux, fans que le roi
puiffe l'y fouftraire par fon autorité, ou
que des ordres furpris à fa majefté, puiffent
légitimen les méfaits; n'entendant point
comprendre dans cette refponfabilité, le
feigneur roi, qui eft cenfé avoir toujours
des intentions droites, quand ceux qui
l'approchent ont foin d'éclairer fa religion, & qui ne doit jamais trouver
de moyen dans fes fujéts pour faire
le mal.

Et en ce que la refponfabilité des mi-
niftres qui avoit toûjours eu lieu dans ce
royaume, commençoit à être éludée,

nous la rétablirons ici, afin que nous ne retombions pas dans les abus qui ont été l'effet de l'interruption de cette loi, & qui causent les plaintes des peuples.

ART. X.

Il est arrêté que l'entrée dans les emplois & dans les grades, ne sera accordée qu'aux talens, au mérite & à la vertu, sans que la naissance y influe : l'illustration des races étant une opinion honorable, mais ne pouvant fonder aucun droit, l'avantage de descendre d'ayeux illustres étant assez grand, sans y joindre la jouissance exclusive des emplois, & l'intérêt des plus nobles étant que l'état soit servi par ceux qui se montrent le plus capables de le conserver.

Et comme il avoit été porté quelques atteintes à cette loi, aussi ancienne que la monarchie, nous la rétablissons dans toute sa force, & arrêtons que tout

ce qui a été statué de contraire, est an-
nullé & anéanti.

ART. XI.

Il est arrêté qu'aucune imposition ne
peut être mise par le roi sans le consentement du peuple ; & qu'aucune imposition ne peut être octroyée par le
peuple que pour un tems limité dont le
plus long terme ne pourra jamais être
que de cinq années.

ART. XII.

Il est arrêté que pour consentir les
impôts, rédiger les loix, constater la
constitution, y apporter les changemens
que les circonstances peuvent rendre né-
cessaires, & réformer les abus, il en faut
traiter avec la nation assemblée en états-
généraux dont tous les membres soient
librement choisis.

Et comme ces assemblées avoient été
trop éloignées & qu'il en étoit résulté de

grands abus, nous arrêtons que les états-généraux s'assembleront de cinq en cinq ans, & prendront le nom d'assemblées nationales.

Art. XIII.

Il est arrêté & nous arrêtons que pour faire aller l'époque des assemblées nationales avec celles de l'ère courante & du siècle, la première assemblée nationale aura lieu au mois de mars de l'année mil sept cent quatre-vingt-dix de l'ère courante, la seconde au même mois de l'année mil sept cent quatre-vingt-quinze, pour continuer ainsi de cinq en cinq ans, l'assemblée de l'année mil sept cent quatre-vingt-neuf, devant être regardée comme fondamentale & extraordinaire.

Et pour rendre plus grande la solemnité de notre assemblée nationale, nous arrêtons qu'il sera célébré des jeux publics à la fin de chaque assemblée, selon

le règlement qui fera convenu avec le
feigneur roi.

Et toutes les années au 1er jour du
mois de mars, nous arrêtons qu'il fera
célébré une fête nationale, en mémoire
de la fondation du royaume de France,
dont l'ère fera dorénavant relatée dans
tous les actes publics, ainfi que l'ère
courante, & l'année du règne du roi,
fous lequel l'acte fera fait.

ART. XIV.

Il eft arrêté que les membres des af-
femblées nationales, feront choifis au
fcrutin dans toute la France, divifée à
cet effet par diftricts; & que le nombre
des députés à l'affemblée nationale, fera
au moins de douze cents, tous au-def-
fus de l'âge de quarante ans.

ART. XV.

Il eft arrêté que les membres des états-
généraux, feront choifis dans tous les

ordres de l'Etat, & autant qu'il se pourra, parmi les propriétaires d'immeubles; & qu'au moins la moitié de l'assemblée sera formée de citoyens non nobles.

Art. XVI.

Il est arrêté que l'assemblée nationale renferme toutes les puissances de conseil & de législation, & qu'elle prime pour la réforme des abus, la recherche du péculat & la punition de tous les crimes d'état, tous les procureurs-généraux & tous les tribunaux du royaume.

Art. XVII.

Il est arrêté que la France divisée en trente-deux généralités, aura dans chacune une assemblée provinciale, substituée aux anciens états provinciaux, qui répartira les impositions, & concourra avec les municipalités & les districts, à l'administration locale de la généralité,

Art. XVIII.

Il est arrêté que chaque ville, bourg & gros village du royaume, aura un conseil municipal pour le présider, qui sera composé d'un maire & d'assesseurs, comme il s'est pratiqué jusqu'ici, & comme il sera réglé par l'ordonnance de municipalité qui sera convenu entre le roi & l'assemblée nationale.

Art. XIX.

Il est arrêté que chaque ville, bourg ou gros village, doit être formé en compagnies de milices locales & libres pour la conservation seulement des foyers, & que cette milice est subordonnée & liée à sa municipalité, selon qu'il sera mieux détaillé dans l'ordonnance des milices municipales qui sera convenue entre le roi & l'assemblée nationale.

Art. XX.

Il est arrêté que nul ne pourra être admis dans les emplois de la chose pu-

blique , s'il n'eſt né en France ; les choix
d'étrangers tenant toujours à la négli-
gence de chercher des hommes capables
parmi les nationaux ; n'entendant cependant point exclure des emplois , ceux
qui ſont nés dans des pays contigus à la
France , où la langue Françoiſe eſt publique , tels que le Brabant , Genève ,
la Suiſſe & la Savoye ; les natifs de ces
pays étant en effet François , quoique
non régnicoles.

Art. XXI.

Il eſt arrêté que tout homme vivant
ſous la domination Françoiſe , eſt libre
& franc de toute ſervitude perſonnelle ,
qu'il n'eſt aſſujetti qu'à des loix com-
munes à tous & connues de tous , &
qu'il n'eſt juſticiable que de juges indé-
pendants & reconnus tels par le peuple.

Et comme ſous prétexte du ſalut de
l'Etat , on avoit abuſé de l'ordre royal ,

connu fous le nom de lettre de cachet pénale, nous en aboliffons ici l'ufage, & nous arrêtons que tout homme emprifonné extraordinairement, fera remis à fes juges naturels dans l'efpace de vingt-quatre heures, fous peine de la part des détempteurs, d'être pourfuivis comme criminels d'Etat.

Et comme dans quelques pays conquis qui ont confervé leurs loix, il exifte quelques ferfs de la Glèbe, & particuliers mainmortables, nous aboliffons ici expreffément la fervitude de la Glèbe, & la main-morte, fans indemnité pour ceux qui peuvent être propriétaires actifs de ce droit, & fans qu'il foit befoin d'aucun autre acte d'affranchiffement pour ceux qui en font paffifs.

Art. XXII.

Il eft arrêté que tout homme en France, eft propriétaire abfolu de fa chofe, à la charge de payer les impôts, tributs où

fubfides convenus dans l'affemblée nationale , & que fi le fervice public exige
l'emploi de la chofe de quelque citoyen ,
il doit en être indemnifé fur le champ à
dire d'experts.

Art. XXIII.

Il eft arrêté que pour juger les dif-
férens entre les citoyens, foit fur les
chofes, foit fur les perfonnes, il y a
des juges locaux diftribués par diftricts, avec un procureur public & un
greffe , & des parlements ou tribunaux
fupérieurs , & en dernier reffort , pour
juger ceux qui veulent appeller des fen-
tences de leurs premiers juges.

Et comme les refforts des parlemens
fe trouvent inégaux & en grande partie
trop étendus, nous arrêtons que pour la
commodité des peuples, il fera déformais créé un parlement dans la ville ca-
pitale de chaque généralité.

Et

Et pour régler le reste des choses concernant la justice, il sera convenu avec le seigneur roi, des ordonnances uniformes pour toute la nation.

ART. XXIV.

Il est arrêté que le régime féodal, depuis long-temps aboli de fait, est & demeure maintenant aboli de droit, & que toutes les relations de supériorité ou d'infériorité qui en étoient la suite, sont supprimées ; en conséquence, les juges seigneuriaux seront remplacés par des juges royaux, commissaires des siéges de justice du ressort, comme il sera plus amplement expliqué dans les ordonnances judiciaires qui seront convenues entre l'assemblée nationale & le seigneur roi.

Et il sera de même fait une ordonnance pour la liquidation & le rachat des redevances seigneuriales utiles, pour que les terres soient désormais franches de toutes taxes, autres que les charges publiques.

Art. XXV.

Il est arrêté que les discussions sur les impositions de toute nature, seront portées devant les tribunaux nommés élections, en première instance, & par appel aux cours des aides.

Et pour que la justice à cet égard, puisse être plus promptement rendue aux peuples, nous arrêtons que le nombre des cours des aides, sera augmenté, & qu'il y en aura une dans chaque généralité du royaume.

Et pour d'autant simplifier la justice des contributions, nous abolissons les tribunaux nommés bureaux des finances, & en réunissons les fonctions aux élections.

Et pour tout ce qui concerne la justice distributive & les formalités des

impofitions , il fera convenu avec le feigneur roi , des ordonnances & des loix
plus détaillées auxquelles nous renvoyons.

Art. XXVI.

Il eft arrêté que les chambres des comptes jugeront de là validité de toutes les
recettes & dépenfes faites par les dépo-
fitaires des deniers publics : aucun bien
des comptables ne pouvant être quitte
s'ils ne juftifient d'un arrêt de décharge
du tribunal des comptes.

Et pour rendre, à cet égard, la juftice
plus prompte , nous arrêtons que le
nombre des chambres des comptes fera
augmenté & qu'il en fera établi une dans
chaque généralité.

Et pour les formalités de la chofe
comptable , nous renvoyons aux ordonnances y relatives qui feront convenues
avec le feigneur roi.

Art. XXVII.

Il est arrêté que le commandement militaire, la composition & la police des armées stipendiées, sera absolument à la disposition du roi, l'armée prêtera serment entre les mains du roi, & aucun corps particulier n'aura droit de stipendier des troupes, que par une concession du roi.

Art. XXVIII.

Il est arrêté que toutes les loix de distribution doivent être certifiées & enregistrées par l'assemblée nationale, par les assemblées provinciales & par tous les tribunaux supérieurs du royaume.

Art. XXIX.

Il est arrêté que les assemblées provinciales, les municipalités capitales des généralités, & tous les tribunaux supérieurs, auront le droit de faire des représenfentations directement au roi , mais le droit de confentir ou de refufer abfolument les loix n'appartient qu'à l'affemblée nationale.

Art. XXX.

Il eft arrêté que la religion chrétienne , catholique , romaine , eft en France la religion nationale , la feule qui puiffe être profeffée publiquement , felon les conciles & les loix canoniques , approuvées des docteurs , revêtues de la fanction du roi & enregiftrées dans les parlemens : ladite profeffion de religion étant par communion feulement avec le chef vifible de l'églife , fous la réferve des libertés gallicanes , & fans violence , ni inquifition.

Nous arrêtons que tous les cultes pourront être tolérés en France , mais fans temples publics & fans cérémonies publiques , & nous aboliffons toutes les peines prononcées contre les hétérodoxes, ainſi que l'aĉte nommé abjuration : la profeſſion de la religion étant une choſe libre & de fait, & ſuffiſamment prouvée par l'adhéſion, aux cérémonies.

Nous aboliſſons également les tribunaux eccléſiaſtiques ou officialités, réſervant aux prélats & à la hiérarchie eccléſiaſtique, la jurisdiĉtion gracieuſe & de ſervice, renvoyant toute la juriſdiĉtion contentieuſe aux parlemens, à la charge d'obſerver les ſaints canons.

A r t. X X X I.

Il eſt arrêté que tous les procédés publics ſeront faits ſelon les formes uſitées, & que tout ce qui ſera dépourvu des formalités réquiſes, ſera nul, ſoit dans l'ordre civil, ſoit dans le militaire, ſoit dans l'eccléſiaſtique, la forme emportant le fond des choſes.

Et dans le cas où les formes ſeront changées ou ſimplifiées, nous arrêtons qu'elles ne le feront que par des loix duement notifiées.

Art. XXXII.

Il est arrêté que la désuétude, quant aux loix de distribution seulement, vaudra abolition, le refus d'obéir à une loi ou de la réclamer dans les cas y relatifs, pendant un laps de temps, devant être interprète comme une obrogation autentique, la volonté prouvée d'un peuple libre, valant un decret.

C'est ainsi qu'ont été arrêtés par l'assemblée nationale tenue à Versailles, en l'année 1789 de l'ère chrétienne, en la 1400e. de la fondation de la monarchie françoise, & en la 14e. du règne de Louis Seizième, les 23 articles des loix politiques ou fondamentales du royaume de France, dont Dieu veuille à jamais maintenir la gloire & la prospérité.

BIBLIOTHÈQUE

NATIONALE

CHÂTEAU

de

SABLÉ

1988

www.ingramcontent.com/pod-product-compliance
Lightning Source LLC
LaVergne TN
LVHW012101030726
842523LV00002B/653